그 설산에 물고기들의 무덤이 있다

시작시인선 0545 그 설산에 물고기들의 무덤이 있다

1판 1쇄 펴낸날 2025년 9월 19일

지은이 정연희
펴낸이 이재무
기획위원 김춘식, 유성호, 이형권, 임지연, 차성환, 홍용희
편집 이호석, 박현승
편집디자인 김지웅, 장수경
펴낸곳 (주)천년의시작
등록번호 제301-2012-033호
등록일자 2006년 1월 10일
주소 (03132) 서울시 종로구 삼일대로32길 36 운현신화타워 502호
전화 02-723-8668
팩스 02-723-8630
블로그 blog.naver.com/poemsijak
이메일 poemsijak@hanmail.net

ⓒ정연희, 2025, printed in Seoul, Korea

ISBN 978-89-6021-823-9 04810
　　　978-89-6021-069-1 04810(세트)

값 11,000원

*2023년 〈장애예술인 창작활성화 지원〉 선정 프로젝트
*주최·주관: 정연희
*후원: 서울특별시, 서울문화재단

*이 책 내용의 전부 또는 일부를 재사용하려면 반드시 저작권자와 (주)천년의시작 양측의 동의를 받아야 합니다.
*잘못된 책은 바꾸어 드립니다.
*지은이와 협의하에 인지는 생략합니다.

그 설산에 물고기들의 무덤이 있다

정연희

천년의 시작

시인의 말

그 설산에 신전의 기둥 같은 참나무 한 그루 서 있습니다.
푸른 지느러미 바짝 세운 잎들이 물고기 울음을 울었습니다.
움츠린 그가 나무에 기대어 섰습니다.
바람이 우듬지를 돌아 그의 얇은 등에 잠깐 머물렀던가요.
큰 날개 펼친 새가 그의 어깨를 스쳤던가요.
그는 참나무와 같은 음역대를 넘나들었습니다.

어떤 이는 그가 고생대 페어로 산다고 말했습니다.
구름 위를 나는 비익조가 되었다고 일러주었습니다.
매이지 않는 그의 혼불이 바람으로 인다고 소곤거렸습니다.
나는 그가 참나무 왕국으로 걸어가 왕국의 일부가 되었다고 생각합니다.

무심한 사물들,
무심히 지나칠 수 없어 내 눈이 오래오래 머물곤 했습니다.
웅얼거림을 명징한 언어로 전달하고 싶었으나
내 시는 이해 불가의 문장이 되곤 했습니다.

나와 그 사이 소통이 미흡했을까요.

너머의 그와 미끄러지는 나.

내게 시는 그러했습니다.

강림 주천강의 다정한 안개와 호위무사 같은 가문비나무

노을빛 꽃다발을 축복처럼 건네던 매지리의 키 큰 가을 마로니에 나무

죽림 바다의 검은자위 같은 작은 구멍게들.

그들의 안부를 묻습니다.

내 미완의 언어들, 그들에 기대어 엮습니다.

저와 緣이 닿은 사람과 생명들, 사물들 고맙습니다.

2025년 9월

정연희

차 례

시인의 말

제1부 그 설산에 물고기들의 무덤이 있다

푸른 옷소매 ──── 13
스핑크스의 수수께끼 ──── 14
천 개의 손 ──── 16
그 설산에 물고기들의 무덤이 있다 ──── 18
경계 ──── 20
두 대의 첼로를 위한 소나타 ──── 22
라스트 모히칸 ──── 24
이끼 제국 ──── 26
붉은 달 ──── 28
무단 사용자 ──── 30
은수자의 손 ──── 32
곡비哭婢 ──── 34
하늘의 비밀을 훔쳐보다 ──── 36

제2부 꽃들의 언어도 녹음이 될까요

기대기 ──── 39
black knot ──── 40
사바나의 점박이 하이에나 ──── 42
강림 자작나무 약국 ──── 44
꽃들의 언어도 녹음이 될까요 ──── 46
탈출 ──── 48
홍매화 심리 치료실 ──── 50
보풀들 ──── 52
신들의 새 ──── 53
이주 노동자 ──── 54
현을 위한 아다지오 ──── 56
둥지 학교 ──── 58
물거품 ──── 60
나무가 된 새 ──── 62

제3부 화첩을 엿보다

착각 ──── 65

몽유夢遊 ──── 66

화첩을 엿보다 ──── 68

은하철도 999 ──── 70

타임캡슐 ──── 72

완덕의 계단 ──── 75

인연의 뿌리 ──── 76

란이 ──── 78

모니터 ──── 80

봉인된 문 ──── 82

살구라는 이름은 ──── 84

강아지풀 ──── 85

뜻밖의 일 ──── 86

포비든 엘리 ──── 88

놀이기구 허리케인 ──── 90

제4부 안개 바다 위의 방랑자

하울의 움직이는 성 ——— 93
안개 바다 위의 방랑자 ——— 94
비밀 창고 1 ——— 95
비밀 창고 2 ——— 97
비밀 창고 3 ——— 98
비밀 창고 4 ——— 99
비밀 창고 5 ——— 101
비밀 창고 6 ——— 103
비밀 창고 7 ——— 104
비밀 창고 8 ——— 106

해 설

유성호 사랑의 기억으로 찾아가는 시인으로서의 존재론 ——— 108

제1부 그 설산에 물고기들의 무덤이 있다

푸른 옷소매

돌풍에 쓰러진 나무 둥치
시퍼런 나뭇가지 덮고 길게 누워 있다
나이테에 누군가 눈 코 입 그려 넣었다

반쯤 벌어진 입, 무슨 말 하려는 걸까
눈은 꿈꾸는 듯 먼 곳에 가 있는
여인

시스티나 천장화의 길게 뻗은 야훼의 다섯 손가락처럼
끊어진 나뭇가지로 뻗은 긴 뿌리의 촉수
당신 심장을 기억하는 내 손이 민감해졌다

당신은
이곳엔 내 것인 것도, 아닌 것도 없는
가볍게 얹혀가는 거라 했다
쓰러진 나무둥치처럼 시퍼런 잎 사이로
어느 저녁 몸에서 풀려났다

푸른 소매 끌어 덮는 당신
날 부르고 있다

스핑크스의 수수께끼

새들이 물질하는 갈대숲 지나 사과밭이 있다
자주 드나들던 길인데
검은 불꽃 일더니 가시 철책 병풍처럼 가로막았다
사자 갈기처럼 풀어헤친 울타리 사이
그리스 거인상 같은 철문이 버티고 섰다

스핑크스의 타오르는 불꽃이 수수께끼를 던졌다
새들이 날개옷을 펼치자 눈감아 주었다
날개 잃은 척추동물들 검은 구멍 앞에 머리 수그렸다
테베의 현자처럼 정답을 외치면 길을 내주었다

벽장 문고리 만지작거리던 두근두근 어린 날
자물통이 비밀번호를 물고 있었다
답안지를 몇 번 고치고 나서야 문지방을 넘을 수 있었다
곰쥐처럼 들락거린 벽장엔
사과 바구니 환했다

스핑크스가 알 수 없는 저편의 일을 내게 묻는다
우물쭈물 더듬거리자
거인의 그림자 내 발을 덮치려는데

다시 마주치지 말자,
선을 긋고 돌아선 이의 솟은 견갑골을 생각했다
익숙한 만남이었는데
철벽같은 그의 마지막 언어는 풀리지 않는 수수께끼처럼 견고했다

볼 붉은 홍옥 국광 부사 단물 흐르는 사과나무가
갈대숲의 노을에 잠기기 전에 도달할 수 있을까

천 개의 손

카이로프랙틱 치료사 K는
화석 물고기 같은 내 등뼈를 오므렸다 늘리기를 반복한다
못 구멍이 한 개 빈 경첩처럼 헐거운 어깨를 거듭 여닫는다
점토를 다루듯
판판하게 편 견갑골을 밀어 넣으며
손이 여러 개라면
염원처럼 혼잣말 중얼거리는데

어느 수집가의 불화 천수관음보살의 천 개의 손
동서남북을 헤아리는 천 개의 손이라니

반계리 은행나무에서 천수관음을 만났다
몇 세기를 눈과 바람으로 돌아온
그물코 같은 무수한 푸른 눈과
사방을 보살피는 무량무변의 손을 가진 반구형 나무

젖니처럼 잔별들이 돋아나고
거꾸로 매달린 손톱달이 제자리로 돌아올 때
지류 물줄기들이 큰 강물로 몸을 틀었다

나무가 펼쳐 놓은 분홍빛 꿈과
그림자의 진보라 상념이 포개지는 순간
온전한 둥근 세상이 되었다

먼 대지로부터 회오리치는 자기장
떠났던 새들 귀촌 행렬처럼 돌아왔다
걱정을 쓸어낼 먼지떨이와 약사발이
시든 영혼과 고단한 육신을 달래 주었다

치료사 K는 천 개의 손을 얻었을까
내 등뼈와 틀어진 어깨를 진흙처럼 매끈하게 다듬고 있다

그 설산에 물고기들의 무덤이 있다

눈 내리는 설산에서 보았다
물고기처럼 파닥거리는 여름 잎의 기억과 뒤척이는 숲의 파랑波浪
파도와 파도 엮어 물길을 내던 푸른 지느러미
일각고래, 청상아리, 대서양 청새치들이 들어앉은 봉분 하얗다

산티아고가* 6미터 청새치를 뱃전에 묶어 조류에 맡겼다
기쁨도 잠시
늙은 어부가 아가미에 겨눈 작살이 검붉은 길을 냈다
붉은 비단 리본 끈처럼 휘어지는 피의 길
세모 지느러미의 갈라노Galano를 유혹했다
작두날처럼 번뜩이는 송곳니 그의 심장이 베인 듯 움찔거렸다

뱃가죽에 꽂은 잇자국에서 자색 거품이 일고
날뛰는 파도에 허옇게 빛나는 뼈 돛대처럼 수직으로 일어섰다

물기둥에 휩쓸려 만의 안쪽에 갇혀
버둥거리는 물고기들, 긴 해안선이 안고 있다
기억의 저편에서 소리 없이 싸락눈이 쌓이고
나무도 대서양 청새치도 길게 누운 채 꿈 안에 갇혔다
살붙이처럼 이마 맞댄 영장류와 나무와 물고기들,
한 덩어리 화석처럼 껴안고 잠들었다

* 헤밍웨이 소설 『노인과 바다』의 주인공.

경계

세상의 다리는 들어가는 문일까 나가는 문일까

무당거미가 농수로 허공에 건축한 와이어로프 다리
난간을 허물고 벽면도 밀어낸 미니멀리즘 예술가
노랑 초록 줄무늬 타투
은폐를 시도하고 있다
아득한 출렁다리는 현기증이 자주 일었다
외줄이 거머쥔 그의 나른한 생이 위태롭다

이웃 나라 가파른 협곡에 걸린 유리 다리
더듬거리며 갈수록 금 가는 얼음 소리
바닥이 부서지는 파열음에 주저앉았다
시간에 갇힌 밀랍 인형처럼 더 밀고 갈 수도 뒷걸음칠 수도 없다

박 넝쿨이 농수로 앞에서
없는 다리 건너려고 스파이더맨 자세를 취했다
박꽃이 지는 순간처럼 건너야 한다
망각의 레테와 아케론 강을 잇는 나무다리는
넝쿨이 감당할 수 없는 무게를 가졌다

다리는 이승으로 가는 입구일까
피안彼岸의 출구일까

두 대의 첼로를 위한 소나타

남녘의 무릇꽃 자생지를 걷는다
앞서가는 그가 돌아본다
언제나 반듯한 모국어를 구사하는 입술 단정하고
사각 틀에 자라는 화분의 꽃처럼 꼿꼿하다
깊은 우물물처럼 고요한 눈
처음에 나는 핀치새처럼 그를 흉내 내는 문하생이었다

활대 닮은 무릇꽃이 낭창 휘어져 드러나는 곡선의 그림자
활이 가닿기 전 몸의 비브라토*
오른쪽으로 기울여 활을 켜지만
그는 메트로놈 박자처럼 오선지 악보대로 정주행했다

 눈도 맞추지 못했는데
 두 대의 첼로가 여름 새처럼 소야곡을 부르는 꿈을 꾸었다
 발 헛디디는 걸 들킬까 봐
 흔들리면 흔들리는 대로 어우러지는 무리 속의 개체
 손 한번 잡지 못했는데

그를 생각하면 흉강이 뻐근한 빈 동굴이 되었다
마에스트로를 꿈꾼 적 없지만 그의 자랑거리가 되고 싶었다

높이 들어 올린 활대 낮추어 몸을 눕히는 곳
바람 방향이다
이 꽃 저 꽃에 내려앉는 나비처럼,
바람이 꽃을 대하는 방식
나는 군락지에 핀 하나의 꽃일 뿐이라고 중얼거린다

두 대의 첼로 선율이 론도 형식으로 이어질 때
무봉제 의복처럼 활이 미끄러진 흔적을 매끈하게 지운다

움푹 파인 발뒤꿈치 자국에 낭만적 서사를 흘리지 말자

* 비브라토 vibrato 악기 연주나 성악에서 악기의 소리나 목소리를 떨리게 하는 기법.

라스트 모히칸

대설주의보에
원시림의 무사들, 땅벌 군단이 팽팽한 활시위 당겨 몰려온다
선계의 안식처에서 새 떼가 추락한다

흰옷의 제사장이 그루터기에 꿇어앉아 낮달의 天氣를 모으고 있다
등이 휘도록 쌓이는 눈
야생 고양이 눈동자에 가물거리는 어제가 빠르게 지나간다
영화 속 마지막 인디언처럼
희고 고운 산 사람이 석고 좌상처럼 웃고 있다
낡은 깃털 모자의 각을 잡던 추장
헐거운 입술로 흰 수염 고르며 나를 외면한다

넓게 펼쳐진 산은 눈의 회벽 캔버스
그 구릉 지대에 새와 나무가 잠겼다
양팔 넘치게 껴안은 한식구들
산이 나무와 새를 껴안고 배불뚝이 눈사람처럼 기우뚱 울고 있다

마트료시카 인형처럼
　눈사람이 산을 품고 산이 고양이를 고양이는 길을 길이 나를 품고……

　마지막 산사람이 설원의 긴 터널을 지나
　푸르게 붓질된 초원으로 달려가고 있다

이끼 제국

마로니에 나무 그림자 늘어뜨린 창문에
실올 같은 빛이 전부이던 날들
눈 감으면 당신의 붉은 뺨이 태양처럼 떠올랐다
까치발 들고 내다보면 상像은 사라지고
색은 색끼리 빛은 빛끼리 모였다 흩어졌다

돌아온다는 기별에도 도착할 기미 보이지 않고
바지 끝이 닳도록
희망이 점핑 트램펄린처럼 널뛰며
하루에도 몇 번씩 되뇌었다
언제인가

발길에 차이는 마로니에 열매처럼 굴러떨어지는 습관이 오래
  내 긴 기다림이 덫이라는 생각을 하다가도
  뒤집어 보면 나는
  이끼처럼 바위에 기댄 기생식물이란 생각
  나는 당신의 무딘 마음에 덧대어진 패치워크 조각 천

여뀌꽃이 마지막 촛불을 끌 때

제국의 이끼 정원은 문 닫을 시간
푸른 벨벳 장막의 네 귀퉁이 홀쭉해지면
허리띠 여미고 북창을 떠나야 한다
나는 길들지 않은 야생 고양이
굽은 등의 잔털을 세우고 고개 높이 쳐들고 무대에서 퇴장해야 한다

이끼 제국의 타이머 초침이 빠르게 돌아가고 있다

붉은 달

눌린 베레모처럼 납작한 봉분
정수리에서 부스럼 같은 붉은 흙 흘러내렸다
무덤은 드센 잡풀이 차지한 가세 기운 집
묘비도 없다

함부로 밟힌 질경이꽃 흔들리는 그 끝에
문패 없는 변두리 골판지 집이 있다
비탈길에 오물이 진물처럼 고인 달동네
아기 옹알이와 당찬 청년의 발소리 사라진 골목
빈터에 늙은 호박이 펑퍼짐한 엉덩이 뭉개고 있다

젖줄에 댄 늦은 꽃
더 이상 잉태는 없다
아파트 딱지놀이에 투기장으로 이전된 노인의 거처
고치 속 애벌레처럼 웅크리고 잠든 집 허적하다
슈퍼문이 붉게 익는 밤
들고양들만 뻔질나게 담장을 넘는다

무덤 앞에 켜 놓은 개망초, 메꽃, 쑥부쟁이 촛불 환하다
누군가 도토리, 밤, 돌배…… 한 상 올렸다

제주祭土는 엎드린 들고양이
백발 풀어헤친 억새가 눈가를 훔치고 있다

무단 사용자

숲을 잡았다 놓는 큰 소리
나를 덮칠 것 같아 가슴이 요동쳤다
순간 멀어진 검은 그림자

나무 둥치에 멈춰 서서 돌아본다
세모 얼굴에 솜털 부스스한 새끼 너구리
그의 볼록렌즈에 흑점처럼 잡힌 나
두 발의 불완전한 짐승이겠다
마음 가다듬고 초점을 맞추는데
그의 동공이 흔들렸을까
허공 사이 둘의 시선이 팽팽해졌다
우주의 무중력이 이처럼 가벼울까
짐승과 사람의 존재는 사라지고 짐승과 짐승의 시선이 마주했다

네 발들이 영역 표시 해둔 은밀한 이곳
두발짐승인 나는 이 숲의 이방인이다

처녀림에 얼룩 같은 첫 발자국 찍은 건 누구의 것일까
칡넝쿨 같은 샛길은 무엇을 위한 길인가

아버지의 자식의 자식이 오늘까지 무단 사용 중이다

은수자의 손

솜털처럼 부드러운 가문비나무 이제 청년의 혈기로 왕성해졌어 밤마다 무성한 갈기 세운 한 마리 짐승처럼 울기 시작했어

어둠이 깊어질 때 서에서 동쪽으로 뛰어넘는 검은 그림자 덩치 큰 짐승이 숲을 헤집고 다니는지 새들은 흠칫 놀라 물똥을 지렸어

어지러운 조명등, 희번덕이는 도시 전광판에 홀려 헤매다 오는지 머리카락 헝클어지고 멍든 정강이 절룩거렸어

여름 내내 기세 좋던 나무, 바람의 방향이 바뀌자 빈 껍데기임을 알아챘을까 머릿속 간질거리는 노랗고 붉게 달아오르는 생각들 色은 반짝거렸지만 순간 흩어지곤 했어

북두 점을 치는 동안 깃들던 새들 남쪽으로 떠났어

서늘한 바람이 가문비나무 성난 털을 다독거리자 으르렁거리던 목소리 낮아지고 세운 발톱이 부들부들 구부러졌어 이끼처럼 결이 가지런해졌어

폭풍이 지나간 가문비나무처럼 나는 이제 은수자의 고분고분한 손 모았어

곡비 哭婢

백 년 만의 대홍수라 했다
나무가 쓰러지고 자갈돌 뒤집어졌다
강물이 저인망으로 끌고 온 잡동사니 하굿둑에 수북하다

떠밀려온 부유물들
삼줄처럼 악력의 몸집 불린다
살아낸 나무들 허리띠 움켜잡고
해가 바뀌어도 노역에 시달린다
시장기 더 할수록 허술하게 보낸 날들
등짐 높은 당나귀처럼 생의 무게에 눌린 난 비혼주의
노래가 될 수 없는 고라니 쉰 목소리는 울음조차 될 수 없다
누가 대신 울어 줄까

갓 구운 빵처럼 포근한 햇살,
크림치즈 같은 내일을 잊은 지 오래
그 여름 빠른 유속처럼 불어난 미납 독촉장
질긴 매듭 끊어내면
청춘의 붉은 잎맥에 푸른 꽃 피울까

검은 새,
찢어진 비닐봉지 안에서 목울대 한껏 부풀려 운다
푸득푸득 하늘을 들어 올리는 상한 날개
비명처럼 지르는 검은지빠귀의 울음소리
봄은 오기는 오는지

하늘의 비밀을 엿보다

 구름 숲에서 사원을 발견했어 밀림에 잠긴 크메르 왕조의 사원처럼 큰 공중누각이었어 곧바로 환둥기 슬라이드처럼 고딕 대리석 기둥으로 바뀌었어 회청색 신전 기둥의 직선은 유년의 두려움처럼 마음을 짓눌렀어

 구름 산수화에 고향 철교가 드러났어 화양 샛강을 가로지르는 철길의 평행선 곁을 주지 않는 너와 내 거리처럼 일정했어 허풍쟁이 녀석들은 달려오는 기차를 앞질러 철다리를 건넜다며 우쭐거렸어

 고향을 뒤로한 날 행진곡 부르며 버들잎을 훑어 강물에 던졌어 '영찬이보다 더 큰 주먹이 될 거야' 철교를 건너는 기차 가슴에서 바퀴가 덜컹거렸어 노란 창문을 세며 강물에 던진 건 후회나 연민만은 아닐 거야 어떤 소원을 주사위처럼 걸었을까

 도시를 기웃거렸어 난 무엇이든 쉽게 넣으려 했지만 구름 사원처럼 빠르게 허물어지곤 했어 잃어버린 맑은 눈 소년을 구름 강에서 되찾고 싶었어 기억은 저녁 어스름을 비추는 먼 불빛 같아서 투명해지도록 닦으면 내 기원을 찾을까

제2부 꽃들의 언어도 녹음이 될까요

기대기

 담쟁이가 나무를 딛고 나선형으로 올라가고 있다 실은 키 큰 나무가 등뼈 없는 덩굴손에 이끌려 허공을 오르는 것 무골의 부들부들한 줄기가 나무의 등뼈를 지탱해 주었다

 얇은 비닐 끈이 큰 포장 상자를 감싸주는 것 늘어진 전깃줄이 신념으로 버티는 전봇대를 바로 서게 하는 것 약한 것의 힘이다 사막에서 암사자를 달리게 하는 힘은 젖먹이의 꺼져가는 시선視線이다 힘센 것이 약한 것을 의지해서 바로 서는 것 너에게 기대어 나아가는 배밀이

 휘파람새 둥지에 알을 묻은 두견이 먼저 나온 새끼 두견새가 부채처럼 휘두른 날개, 작은 알을 낭떠러지로 밀어낸다 눈치 없는 어미는 남의 새끼 입속에 먹이를 넣어준다 동굴 같은 입속으로 밀어 넣는 손톱만 한 머리 먹이를 주는 일 제 목숨을 내놓는 일 큰 것이 작은 것에 기대어 세상을 건너는 일 뻥뜯는 일일까

 힘센 것이 약한 것을 받쳐주는 일 연민이다 작은 화분이 큰 나무를 받아주는 것 드센 것이 연약한 것에 기대어 등을 세우고 저편으로 건너가는 것 갈취라 불러도 좋을까

black knot*

자두나무 몸 안에 검은 혹을 숨겨 놓았어요
동굴의 종유석이거나
아타카마 사막의 박쥐 배설물 덩어리 같은
파도의 가파른 숨결이 지닌 인어의 흑진주 같은

치켜든 뱀 대가리처럼 화증이 꿈틀거려요
당신의 베갯머리 이마에 시름 많은 내 몽당손 얹었던가요
먹구름 부풀어 불룩해진 하늘의 주머니
주름 끈을 당기면 비처럼 쏟아질 것 같은 해묵은 아픈 기억들
어미가 가시 열매 삼키고 떠난 자리 판판해지고
나는 새끼 새
가볍게 날아올랐어요

과테말라 인디언은 베개 아래 묻은 인형에게 걱정을 속삭이면
그 인형이 그 말을 모두 삼켜버린다는 속설
청가시덩굴 같은 내 모진 언어로 걱정 인형이 된 무거

운 당신

　누가 자두나무 주름 갈피에 불씨 묻어 숯덩이 되었을까요

　당신 가슴에 혹은 누구의 옹이인가요

* 나무의 검은 혹병.

사바나의 점박이 하이에나

절뚝이는 왼발과 한 쌍이 된 목발
외줄 타는 광대처럼 허공으로 솟았다 가라앉길 반복한다
나는 먹이사슬 경기장에 선 밀림의 점박이 하이에나처럼
발톱 숨긴 부러진 왼발 대신
목발이 야성의 눈길 피해 파인 발자국 따라간다

여왕 하이에나가 막 젖을 뗀 새끼 이끌고
뒤를 망보는 아비
먹이지도 좌표인 강줄기에 흙바람 인다
경계경보가 붉은 임계점에 이르면 사방이 무료하도록 고요하다
귀지 파고 눈 부릅떠 마음 다잡아야 할 시간
가던 길 멈추어 엎드리거나 바람 등지고 달아나야 한다

먹이사슬 꼭대기를 넘보다 발꿈치 물렸다
사다리 끝에 닿지 못한 두려움
어디에 머리 두어야 할까
사냥에 진심인 맹수의 혈족도 실패의 상처를 핥으며 눈 굴렸으리라
늑대, 살쾡이의 도시 정글에서 잘 어울렸는데

지하의 검은 사자에게 물린 것일까
한때, 내 발목은 하이에나처럼 빠르고 튼튼했다

대를 이은 가족의 탈출구 사바나 순례길
쇼베 구석기 동굴 벽화의 점박이 하이에나가
자동차 밀림을 벗어나 아프리카 초지로 절룩거리며 달려간다

강림 자작나무 약국

자작나무가 겨우내 눈 닫고 귀 멀어 웅크렸는데요 봄이 연두로 풀려 물길 낼 때 묵은 거미줄 털어내고 약국 문을 여는데요 는개 안개꽃처럼 피는 곡우에 발끝에서 우둠지까지 몸 풀고 기지개 켜는데요

장날엔 외삼촌 약국에서 엄마를 기다렸는데요 벽면 가득 채운 흰색, 갈색. 노란 병들 색깔도 모양도 달랐지만, 맞춘 퍼즐처럼 가지런했는데요 초등생인 나는 투명 셀로판지에 싼 빨갛고 노란 알약이 초콜릿 같아 약장 유리문을 만지작거렸는데요 외삼촌이 타 주시던 노란 비타민, 감로수의 달치근한 혀의 기억

자작나무약국엔 바람이 제조한 비타민 뭉게구름소화제도 있는데요 검정이나 갈색 종이에 싼 알약들이 이파리마다 층층 계단을 이루는데요 복숭앗빛 뽀얀 거자수는 강 건너까지 소문이 났는데요 정신이 산란하거나 뒤틀린 기분을 되돌리는 수제 곡우물이 으뜸

곡우에 결 고운 자작나무 찾아가는데요 투명 호스로 열흘 동안 수유하는데요 서라벌 승려의 피가 젖빛으로 흘렀다

느는데요 고승의 말씀 같은 나무의 진한 수액이 똑 똑 똑……

뭉친 내 배를 부드럽게 풀어주는 엄마 손 같은 몰약

꽃들의 언어도 녹음이 될까요

만개한 흰 목련, 부푼 범선처럼 떠날 채비했다
안개 강에 갇힌 만선이 내게 건너오는지
뱃전에 부딪치는 꽃들의 비명
꽃나무가 거기 있다는 걸 누가 눈치챌 수 있을지
 장막 너머 그림자와 실체를 알지 못하듯, 참과 거짓을 구별할 수 있을까
 꽃 문을 열고 닫는
 꽃의 비밀을 가늠할 수 있을까

 안갯속 나무는 꽃 지는 줄 모르고
 무거운 눈꺼풀에 덮인 내 눈은 네 외마디 소리 알아채지 못했다
 희고 흰 빛, 바래지 않고 열매 한번 맺지 못했는데
 어린 새처럼 초점 밖으로 밀려났다
 유성처럼 멀어지며 뭐라 뭐라 건네는데
 우리는 서로에게 물었다
 꽃의 언어도 녹음이 될까

 꽃이 진 자리마다 삼베옷 소리 들렸다
 낙화암에 흩어졌던 꽃들처럼

바람으로 돌아간 너

꽃의 유언 같은 마지막 숨을 눈과 귀에 녹음했다
지금도 자동 재생되는 너의 마지막 언어

탈출

롱 패딩 안에 포기를 모르는 톱니 악어가 산다
지퍼를 내리다 옷이 물렸다
누의 목덜미를 노리는 마라강* 악어처럼
물고 삼키는 것 숨어 있다
위로도 아래로도 뱉어내길 거부하는
어금니 단단한 짐승에게 물렸다

악어 단단한 턱이 누를 물고 늘어졌다
악어의 사슬에서 벗어나려 애쓸수록 더 강하게 옥죄는 힘
나아가지도 물러나지 못하는데
혈족들 강둑 건너 모래 구름 속으로 멀어졌다
커지는 동공이 허공을 맴돌았다
겁먹은 얼굴이 천천히 강물로 흘러내렸다

눈밭에 굴러도 바람 한 점 들이지 않는 동물의 탈
악어 이빨에서 빠져나오지 못하면 끝이다
누의 막막한 눈동자처럼 마지막 힘을 쏟는다

위로 끌어올리고서야 단단한 고리 끊어냈다
이마에 악어 잇자국 같은 붉은 선 두 줄 선명했다

* 케냐, 마사이마라에 있는 강.

홍매화 심리 치료실

홍매는
춘분에 커튼 걷고 남은 절기엔 문 걸어 잠가요
당신이 철새처럼 아라비아를 떠돈다는 풍문

살구나무, 산수유, 이웃 병원 대기 줄이 담장 너머까지 늘어졌어요
한발 늦게
흙비 털어낸 홍매화 진료실
핑크는 발진처럼 돋아나는 화를 진정시키는데요
당신은 입꼬리에 분홍 립글로스 올렸죠
벽지와 주름 커튼은 진분홍
중세엔 남자의 색, 이 시대 색채 표는 여성과 친밀하다 분류되죠
형, 오빠를 언니라고 부르는 MZ세대
곡선과 직선을 넘나드는 광물성 전도체

나비가 어두운 변태變態의 시간을 발아래 쏟아놓아 구덩이처럼 침침했어요
깨진 모서리 별들이 서로 부딪치며 상처를 찔러댔죠
엎어진 그늘이

물 젖은 종이처럼 바닥에 눌어붙어 질척거렸어요

당신이 높은 배율의 현미경으로
내 멍든 한 지점을 들여다보네요
악귀를 쫓는 퇴마사처럼 상한 겨울의 거친 호흡에 몰약을 부어요
던져 놓은 마른 씨앗에서 뾰족한 귀 아지랑이처럼 흔들리면
가슴에 파종된 언어가 꽃눈처럼 싹을 틔워요

인명부에서 골라낸 내 이름 꽃잎에 올려놓아요
꽃송이마다 호명된 이름이 상장賞狀처럼 내걸린 춘분입니다
그을음 닦고 헌 심지 갈아 낀 별 하나 귀향으로
무릎 주름을 편 한 마리 멧노랑나비 날개만큼
인간 세상에 어둠이 뒷걸음치고 밝아질까요

외진 골목에 혼자인 나무의 심장에 귀를 묻어요
쌍둥이처럼 두 심장이 맞닿은 나와 홍매화 당신

보풀들

운무들
부풀어 오른다
솜틀에서 막 뽑아낸 목화솜이 능선 아래로 흘러넘쳐요
서리 내린 아침, 곱은 손 감싸주던 당신의 손길 같은

다락방 깊숙이 숨겨둔 당신의 보따리엔
물풀처럼 급류에 쓸려가던 생의 막다른 골목과
엉경퀴에 올린 거미집처럼 위태로운 당신의 일상이
엉켜 있어요
당신의 보풀들 이리 많았네요

솜틀에 엉킨 보풀들을 밀어 넣자
굴절된 시선을 바로잡고
어제의 덧난 상처에 새살이 살아나요
첫 세례 미사포처럼 새하얀 기억들만 골라
내 부은 발등 처매주고 흠결 많은 마음을 감싸 주었어요

능선 넘는 구름, 목화송이처럼 부풀고
이제 괜찮다
송이송이마다 당신이 웃고 있어요

신들의 새

 날개 펼친 잎과 잎 사이 극락조 피었다 새의 깃털을 닮은 꽃 파푸아뉴기니 섬에서 이슬만 먹고사는 새가 날아왔을까

 신들의 새라 불린 극락조는 바다 건너 유럽의 새장을 채웠다 은전 몇 닢에 두 발을 잃고 대지를 잃고 종일 바람처럼 공중에서 흘러 다녔다 주홍 가슴털 부풀려 구애의 춤을 추었을 새는 더 이상 날개라 불릴 수 없는 슬픔의 깃털, 세상을 떠다녔다 듣는 귀 없어도 날 저물도록 쉰 모국어로 짝을 찾았다 천상의 깃털을 얻은 죄로 고귀한 여인의 모자 장식이 되거나 신사의 플라이 낚시찌에서 화사하게 빛났다

 여기 그 여린 새 닮은 꽃 손길만 스쳐도 녹을 것 같은 얇은 날개 가쁜 숨 몰아쉬는 꿈의 새 잃어버린 사다리 찾아 날개 펼쳐보지만, 그림자는 매번 절벽 아래로 꼬부라졌다 잠들지 못하는 신들의 새가 뉴기니섬 밀림의 둥지를 바라보고 있다

 극락조의 고통은 누구의 죄일까

이주 노동자

유라시아에서 이륙한 흑고니들이 겨울왕국에 도착한다는 소식

강의 국제공항은 다국적 이용자들로 겨울철이 더 북적거린다
갈대꽃들이 만국기 흔들어 철새들을 환영하는 기항지
시작과 끝점이 아득한 강물의 대리석 활주로에
노을 유도등 밝히고 낮달이 중심 수은등 내걸었다

고국의 붉은 산이 물러나고 새 하늘이 다가올수록
단기 여권의 야윈 등이 더 움츠러들었다
이제 이국의 비닐하우스 둥지에 몸을 부려야 한다
한틀의 고무 인형 같은 표정을 짓는 응언, 후이, 캉의 우묵한 눈자위 축축했다

구름을 선회하던 비행기처럼
관제탑 신호 따라 발을 부드럽게 뻗었다
미끄러지는 동체 꽁지 힘으로 날개 고정했다
땀에 젖은 목덜미 부둥켜안고 곤 곤 곡 곡 울먹이는 낯선 언어들

검은 고니들이 강의 공항에서 무사하다고 애썼다고 긴 목을 서로 감싸고 있다

현을 위한 아다지오

가문비나무 허리춤에 베인 흉터 자국 볼록하다
구부러진 그늘 따라 울리는 낮은 현의 음률
가문비의 떨림을 전하는 과르네리 천상의 소리 들은 듯하다

누군가 활대를 켠다
솔 레 라 미로 이어지는 작은 새의 신음 같은 발성법
네가 켜는 끊어질 듯 이어지는 네 줄의 현처럼
야윈 손이 바람의 투명한 음계를 한 꺼풀씩 빗질하고 있다

툭 끊긴 현처럼
먼 구름 너머로 돌아간 너
지워진 가사로 듀엣의 돌림 노래 부를 수 없다
지난 시간 올 풀린 목도리처럼 엉클어져 한 발짝도 나갈 수 없다
뒤축 헐렁한 신발로 성운을 건널 수 있을까

가문비나무 덧난 상처는 아물었는데
느리게 느리게 현의 노래 부조浮彫 되어

내 명치에 굳은 송진처럼 엉겼다

둥지 학교

겨우내 둥지는 비어 있었어

꼬마들 웃고 놀던 둥지
바이러스 풍랑에
서로 껴안고 눈가 훔치며 떠밀려 가던 모습들
마지막으로 우리는 바닥을 쓸어 내고
기우뚱대는 교실을 버려둔 채 흩어졌어

겨울비 그치고
가지마다 이슬이 작은 알전구처럼 빛났어
누군가 무지개처럼 찬란한 꼬마전구를 밝혀 놓았어
성탄 트리 사이
잘 정돈되어 더 쓸쓸한 둥지
나는 고개 빼고 기웃거렸어

붉은 오목눈이를 아침에 만났어
안녕?
새는 나무 꼭대기에서 부리로 깃털만 뒤적거렸어
둥지를 아주 떠난 거니?
모르는 척 쳐다보지 않았어

빈 둥지의 문 활짝 열고 등불 밝히면
둘, 셋 아이들의 줄 길어지고
비사치기 제기차기 아이들 우당탕 신나는 발걸음
둥지는 와글와글 녀석들 목청으로 미어터지겠지
봄이 다시 돌아오면

물거품

꼼이가 감나무에 줄을 맡긴 채 물가에 쪼그려 앉아 있다

눈높이로 손 내밀었지만 외면했다

지날 때마다 호기롭게 허리까지 뛰어올랐는데

오늘은 곁을 주지 않고 조용하다

보글보글 국물 끓어오르는 냄비처럼

개울의 흰 포말이 바위 아래로 넘치고 있다

개는 물거품을 응시하는데

가늘게 뜬 눈

한곳에 정지된 그 눈에 멍든 그늘이 퍼렇게 지나갔다

돌이켜보면

내 지나온 길도 누군가 쥐여준 보이지 않는 끈에 이끌려

진흙 길이나 자갈밭 탓하지 않고 걸었지만

밥그릇 닿는 데까지다

그만큼을 전부로 알고 견뎌온 시간이 흰 거품으로 흩어지고 있다

나무가 된 새

더 이상 자라지 않는 나무
화분 안에 갇힌 한 마리 새처럼
어둠 속에서 날개 터는 작은 소리 들었다
큰 화분으로 옮겨주면 날개 접고 노래 부를 수 있을까

화분과 한 몸처럼 붙어
모종 삽날로 흙덩이를 파낸다
제 뿌리를 맴돌며 시간을 쌓고 있었다
뿌리가 뿌리를 껴안은 것 같지만
서로 밀어내고 있었다
품을 수 없는 어둠이 싱크홀처럼 자라고 있었다

화분을 깨트리고서야 나무는 자유로워졌다
아니 새는 몸이 가벼워졌다
함부로 뻗은 생각을 쳐내자
이제 뿌리가 가지런해졌다
새는 날기를 멈추고
또 다른 세계를 찾아 발을 멀리 놓겠지

제3부　화첩을 엿보다

착각

나와 수국 사이

공작나비 날아오네

내 머리 위에 앉으려는 듯 팔랑팔랑

오던 길 뒤돌아서

수국 꽃잎에 날개 접네

몽유夢遊

꽃놀이

깃털 펼치는 꽃잎들 발밑에선 거친 흙 밀어 올리는 연두 연두들 사방에서 쏘아 올리는 꽃들의 폭죽 세례 들불처럼 번져간다

그녀는 첫울음을 종달새처럼 노래했다 종종걸음 흙장난 놀이 시간도 지나갔다 두꺼운 근시 안경 벗어던지고 숨 멎도록 꼭 끼는 청바지 입은 계집애 홍조 띤 앳된 얼굴 그 시간 어디로 흘러갔을까

개개비 같은 쉰 목소리로 서녘의 노을빛 따라 흥겹게 간다 안짱다리 느린 구름 환하다 고모, 먼 길 나섰다

허기지다

허물어진 울타리를 감싸 주는 이팝나무 찌르레기들이 쌀알처럼 매달려 있다 머릿속이 헝클어진 고모는 늘 허기져서 밥 생각뿐이다 흰 꽃은 잘 익은 쌀밥 가물거리는 눈, 절룩거리는 지팡이가 꽃가지로 다가섰다 아지랑이 이는 고봉밥 당겨 놓는데 그만 흩어졌다

새들이 낮은 곳으로 내려앉았다 흘린 밥알을 부리로 건네주었다 고모의 꼬부라진 허기 판판하게 펴놓았다 그녀의 식욕도 가라앉았다 어느 성자와 새들이 마음 나누었을 때처럼 그녀 입가에 웃음이 봄 햇살처럼 활짝 퍼졌다 새들이 꽃 그늘 쪽으로 몰려갔다

애잔하다
　송화처럼 퍼지는 봄 햇살 펠트지 같은 수피 헤치고 내민 새잎 난생卵生의 숨구멍 열고 깃털 말리는 아기 새의 여린 잎 같은 발가락 젖을 막 뗀 강아지의 바둑알 같은 젖은 눈 잔털 엉클어진 제 꼬리 잡으려고 실룩샐룩하는 입

　열흘 붉은 꽃들의 시간 어디쯤 흘러왔을까 고모가 더듬더듬 꽃구경 나섰다 머리에 백발구름을 이고 무릎 짚은 손 어린 기억의 지도 따라 분주하다

　지금은 달팽이처럼 몸을 둥글게 말아야 할 시간 하늘에 머리를 둔 것들 애잔하다

화첩을 엿보다

화첩에서 겸재의 장안사* 비홍교를 본다
신선들이 건너는 무지개처럼 안개 너머에 있다

산사의
홍예교 아래 계곡을 건너는 가물거리는 야광나무
한 세기 전 황제의 처소 건청궁에 처음 들인 전등처럼 환했다
꽃나무들이 점호받는 무리처럼
계곡을 마주 보고 일렬횡대로 수은등을 밝히고 있었다

누군가를 오래 기다리면 목이 길어진다는 말

나무의 오른쪽으로 뻗은 가지 손과 물 건너 왼쪽으로 기울인 팔
굴수성이 아니라 한 몸이 되고 싶은
눈과 눈 어깨와 어깨를 맞대어 온전해지는 비익조처럼
오랜 시간 서로 가닿고 싶은 마음이 알전구 필라멘트처럼 깜박거렸다

어제의 시간이 오래된 화첩처럼 흐릿해졌다
낡은 회선이 이어졌다 끊어지길 반복하는 점멸등처럼
꽃나무 아래 문장이 되지 못한 한때
서로 기억의 귀를 맞춰보던 그날 분향 아득해서 길을 잃었다

야광나무처럼 손을 뻗어보지만 건널 수 없는 무지개다리

꿈에
야광주처럼 빛나는 얼굴을 따라나섰다
나는 화첩 속 비홍교를 흔들리는 등불처럼 건너가고 있다

* 겸재 정선의 〈신묘년풍악도첩〉, 1711년, 35.6×36㎝, 비단에 수묵담채, 국립중앙박물관.

은하철도 999

　천변 감나무가 그믐 달빛을 마주 본다 시든 감꽃이 젖비린내 감꼭지를 끌어안고 있다 그란 두 카 성모*자상이다

　엄마가 지하철에서 풍선껌과 손 편지를 들장미처럼 바쳤다 처음인 듯 자주 있는 듯 승객 무릎마디에 주린 마음을 헌정하고 있었다 지하철 소음에도 엄마 등에서 풍선처럼 부푸는 아기의 꿈 철거덕 철거덕 습관처럼 사당역을 통과하는 순환노선 메텔과 철이를 태운 소용돌이 은하철도 999처럼 꿈의 비행 열차가 요철에서 요철 사이 풍랑으로 요동쳤지만 아기는 오색 풍선을 잡는 꿈을 꾸는 걸까 감꼭지 같은 입술에 배냇짓 오물거리고 있었다

　검은 유리창에 마주 보는 엄마와 아기 눈이 반짝 빛났다 열한 번째 달빛처럼 푸르다 엄마의 금강석 눈빛과 초롱불 아기 눈이 먼 별처럼 아득히 떠올랐다 바람옷을 탁발하고 달무리 같은 빵을 얻어 아기에게 물리는 엄마 그 이름만큼 가슴에 무거운 칸칸 열차 매달고 순환 열차는 질주하고 있다

마른 감꽃이 땡감을 껴안고 있다 엄마 품에 안긴 아기 덩치가 엄마보다 더 크다 바람이 꽃잎을 거칠게 두드린다 흔들리는 엄마와 아기 부둥켜안고 있다 오늘도 은하철도 999는 또 다른 행성을 향해 이동 중이다

• 대공의 성모 (그란 두 카의 성모) Raffaello – The Granduca Madonna.

타임캡슐

무덤에는 보이지 않는 여러 층의 길이 있다
늘 지나던 무덤인데
오늘 상처 같은 구멍을 보았다
발자취 같은 흔적들
영혼의 그림자가 몰래 드나든 문일까
언약을 눌러 찍은 인장 자국일까

고문서 박물관 유리관에 펼쳐 놓은 최초의 한글 편지
오백 년 전 부부의 일상을 넘겨보았다
고향에 두고 온 부인에게 군관인 남편이 북방에서 전한 곰살가운 심정을

분ᄒ고 바ᄅᆞᆯ 여슷 사 보내뇌 지븨 가 몯 ᄃᆞ녀가니 이런 민망ᄒᆞᆫ 이리 어듸 이실고 울오 가뇌
니년 ᄀᆞ올히 나오고져 ᄒᆞ뇌*

 수신인 온양댁은 내년 가을에나 만날 수 있겠다는 서신을 받았다 분첩과 바늘 쌈지를 쓰다듬어 남편의 손길을 어

루만져 보았으리라

  목화솜 켜켜이 놓아 한 땀 한 땀 누벼 마음을 짓는 동지
   접힌 편지 판판하게 펴서 읽고 또 읽어 모서리 닳도록 만지작거렸으리
   남편의 무명 철릭帖裏과 토시를 손질하며 읊었으리라
   눈에 밟히는 서방님이 울고 간다는 말 옷 솔기에 새기며
   서찰을 구석구석 외우고서야
   머릿장 서랍에 편지를 깊이 품었으리
   분을 바르고 풍성한 머리 틀어 비녀를 꽂았으나
   오래도록 그 머리 풀어줄 낭군의 머나먼 손길

   이승을 떠났어도 그 기다림은 오백 년 동안 이어졌다
   돌고 돌아
   무덤에서 그리운 마음이 밤의 통로로 걸어 나왔을까
   벌개미취를 별이라 부르는 새벽
   옷자란 풀숲, 무리 지은 들국화 보랏빛 사이
   어지럽게 지나간 희미한 자국은 어떤 징후일까
   한 영혼이 무덤의 긴 통로를 지나 옷자락 끌며 바람처럼 지나고 있다

* 15세기 중반~16세기 나신걸羅臣傑의 부인 신창 맹씨新昌 孟氏의 목관 에서 미라와 함께 출토된 한글 편지.

완덕의 계단

  수도원 담장 아래 가파른 돌계단을 오른다

  수사님들의 찬송에 앵두 알 붉어졌다
  미카엘 수사님의 굵은 손마디가 미처 닿기도 전에 미끄러졌다
  가꾸지 않아도 때가 되면 새콤달콤한 침묵의 맛
  늦지 않게 제시간에 대어 왔을까
  미적거리다 물러지고 너무 서두르면 단단해지는 그 마음

  앵두
  입술이 옆으로 벌어졌다 순간 동그랗게 오므라져 닫히는 문
  처음 앵두라 호명한 이는 알았을까
  묵언 수행하는 입술 닮아 이내 닫힌다는 걸

  수선스러운 언어와 모질게 몰아세우는 내 입술
  쓰고 떫은맛을 우려내지 못한 나는
  어느 층계쯤 서 있는 걸까
  비탈길 오르는 것보다 더 아득하고 높은 침묵

인연의 뿌리

 인연의 사전의 뜻
 1) 사람 사이에 맺어지는 관계. 2) 어떤 사물과 관계되는 연줄. 3) 일의 내력 또는 이유.

 갈라진 외벽 틈에서 새의 날개처럼 파닥거리는 햇빛 후드득 날아오르더니 내 머릿속 생각처럼 엉킨 뭉치로 일렁거린다

 불꽃이 마지막 춤처럼 사그라졌다 너를 향했던 내 눈과 귀 몸짓은 무모했던 걸까 생각 의자에 나를 앉히고 알아차릴 때까지 우두커니 앉아 있다 백지에 네 이름 금박 입히듯 눌러 새겼다 두 손으로 동글게 뭉쳐 틈을 메운 뒤 등 뒤로 던졌다 버리는 게 아니라 마음 주름에 깊이 넣어 두는 것

 모니터에서 진관사 스님이 절 마당 쓰는 비질 소리 끝없이 내 마음의 얼룩을 쓸어 낸다 귀 기울이면 땅의 소리* 연기처럼 날아가고 기억의 조각들 흩어졌다 불꽃에 올린 네 이름 재로 남았다

어느 인연 거기 있던가

* 〈땅의 소리〉: 김승영 展. 설치 작가. 기억과 흔적 소통과 관계를 표현함.

란이

외딴집에 혼자 지내는 밤 등불을 모두 밝혀 두었다 길은 사방에서 실뱀처럼 뒤엉켰다 검은 마차가 밤의 중심 플랫폼을 무정차로 지나는 순간이 궁금했지만 졸린 눈 비비며 이불에 동굴을 파고 몸을 묻었다 서커스단의 키 작은 이가 치던 북소리에 눈 스르륵 감기던 그날처럼

꿈이었을까 툭 툭 담장을 타는 소리 심장이 덜컹거렸다 밝은 숨소리조차 비칠 것 같은 투명한 달빛 가랑잎 떠는 소리 더욱 귀를 파고들었다 '야옹' 란이다 밥때마다 들르는 고양이

산책길에 따라나선 란이 한참 뒤 늘어진 다람쥐를 물어다 내 발치에 놓았다 아끼는 장난감을 양보하는 아이 표정으로 나를 올려보았다 난 발 구르며 어떻게 다람쥐를……! 소리 지르자 슬그머니 몸을 숨겼다

그 뒤 그림자도 볼 수 없었다 아끼는 걸 양보했는데 나는 옆을 못 보는 질주하는 경주마였을까 떨치지 못한 그 일이 옹이처럼 박혔다 졸다가 외줄 타기를 놓쳤던 어릴 때 서커스처럼

문 앞에 란이가 뿌리내린 나무처럼 앉아 있다 어디에도 초점을 두지 않은 눈 먼 데 걸려 있다

새벽 1시 사람보다 더 반갑다 나는 란이 마음을 이제 안다는 듯 밥그릇 넘치게 고봉으로 퍼주었다

모니터

 가문비나무 가슴에 직사각형 이름표를 달았는데 나무의 마음을 보여 주는 모니터 같다. 화면에서 끊임없이 송출되는 나무의 봄 여름 가을 겨울 일상이 넝쿨처럼 출렁출렁 자라고 검색창을 열고 가문비나무의 열두 절기 클릭 클릭.

 정월의 가문비나무는 씨름 선수 근육을 가졌다 장딴지로 땅을 단단히 딛고 있다.
 이월의 가문비나무는 구름 파도에 잠긴 검독수리 퍼덕이는 날개처럼 아득하다.
 삼월의 가문비나무는 물속으로 침잠하는 안개 늪에 잠긴 두루미 고독한 눈.
 사월의 가문비나무는 빈 포도밭으로 추락한 찌르레기 허둥거리는 울음소리.
 오월의 가문비나무는 막 돋아난 새순이다 네 목덜미 간질이는 미풍처럼 떨린다.
 유월의 가문비나무는 물안개에 잠겨 닿을 수 없는 신기루.
 칠월의 가문비나무는 장맛비에 떠내려가는 소란한 자갈 구르는 소리 들린다.
 가문비나무의 팔월은 떠도는 개의 꼬리처럼 늘어진 가

지 흔들린다.

  가문비나무의 구월은 매의 구부러진 발톱. 벽옥의 하늘을 건드리면 손이 베일 것 같다.

  가문비나무의 시월은 숲을 배회하는 새끼 너구리 쉰 목소리.

  가문비나무의 동짓달, 지친 발길 멈추고 노을을 돌아보는 몽상가의 눈빛.

  가문비나무의 섣달, 차가운 칵테일 잔에 빠진 카랑카랑한 별빛.

  너는 가문비나무처럼 손에 넣을 수 없는 그림자 가질 수 있는 모든 것의 이름이다.

  가문비나무의 이름표를 단다면 내 마음의 파노라마 모니터에 송출될까?

봉인된 문

철거 중인 아파트 담장이 봉쇄 수도원처럼 높아졌다
굳게 닫힌 출입문에 갈겨쓴 붉은 글씨
무단침입 금지
녹슨 열쇠 구멍은 바람조차 허락하지 않았다

빈터엔 아이들 웃음꽃 대신 풀꽃이 어김없이 돌아왔다
늙은 벚나무가 오랜 습관처럼 담장 밖을 내다보았다
나는 나무의 오래된 이야기를 응시했다

꿈에
거친 수피의 벚나무가 먼 데로 데려갔다
오랜 시간 흙바람 속을 헤매었는데
멀미 이는 것처럼 어지러웠다

나무의 빛나는 연분홍 시간 한가운데에 다다랐다

손에 쥔 열쇠를 재빠르게 밀어 넣자
등 굽은 나무가 긴 잠에서 깨어났다
제 모습을 올려다보는 벚나무
수많은 등불이 한꺼번에 들어왔다

내 마음에도 알전구 하나씩 켜졌다

살구라는 이름은

스스로 빛나는 노란 UFO
꽁무니에 불붙은 개똥벌레처럼 제자리 맴돌고 있다

딱따구리 우디*처럼 어디로 튈지 모르는 장난꾸러기
너는 사소한 물음에도 입 다물고 토라지는 사춘기
전자기기처럼 살살 다뤄야지 막 다루면 여린 마음 닫힌다

나무 아래 기웃거리던 그림자
꼬드기는 뱀의 혀였을까
발톱 감춘 늑대의 친절한 웃음이었을까
어떻게 비행을 교란했을까
궤도를 맴돌다
담장 밖으로 날아갔다

꺼져 가는 노란 불빛 신호 따라 덤불숲을 헤치는데
오늘
온전히 네 자리로 데려올 수 있을까

* 유니버설 영화사의 인기 만화 캐릭터 딱따구리.

강아지풀

가을 하늘에 도기 푸른빛 익어가네

차도와 인도 경계석 틈에 강아지풀
누런 꼬리 흔드네
한참을 들여다보는데
어린 날,
푸르뎅뎅 질그릇 더듬던 혀
달려와 내 얼굴 핥아 주던 강아지 똘이

오랫동안
자동차 소음 뒤엉킨 거리에서 지낸 강아지
장하다 잘 자랐구나
머리 쓰다듬는데
눈망울에 전조등이 함부로 부서졌다

마른 꼬리 흔들며 따라오겠다 조르는 강아지
가로수에 묶인 짧은 목줄
눈에 밟혀 발걸음 무겁네
어린 마음 돌아볼까 봐
앞만 보고 달렸네

뜻밖의 일

골목에서 하얀 진돗개와 마주쳤다
동그랗고 까만 눈,
처음 보는데 짖지 않고 꼬리 흔들었다

어릴 때
너와 환호하며 열매를 따는데
이웃집 개가 이빨 드러내고 달려 나왔다
너는 멀리 달아났다
돌아선 너 창백한 얼굴로 빨리 뛰라는 듯 손짓했다

달리기 꼴찌인 나는 나무 위로 올라갔다
개는 이빨 드러내고 올려다보며 미친 듯 짖었다
나는 낭떠러지에서 떨어지는 꿈을 꾸는 것처럼
울음소리도 못 내었다
나를 맴돌던 시커먼 개,
순간 뛰어올라 내 신발을 물었다
호랑이에게 떡 하나씩 준 동화 속 주인공처럼
발 대신 운동화를 내주었다
그 뒤부터 개의 눈을 똑바로 보지 못했다

흰둥이의 아기처럼 순한 눈,
눈빛이 뭔가 바라는 것 같다
너는 간절한 사람처럼 쳐다본다
그날 네 눈빛이 이랬을까
이제
개를 바로 볼 수 있을까
햇살이 밝은 오후다

포비든 엘리
-금지된 구역

동그라미에 첫 기억의 언어들이 자라고 있다

수련이 핀 연못*의 배경처럼
덧칠한 붓 자국마다 동그라미가 회오리치고
물의 엘피레코드에 녹음된 어제의 난해한 언어들
내 귓바퀴에 말아 넣은 네 목소리처럼 동심원을 그린다
구식 엘피판 트랙에서 길 잃은 언약들 맴돌고 있다

수서 곤충들이 물거울을 무두질하고 있다
불꽃처럼 흩어지는 별들
후회의 말이 기억의 터널을 저릿저릿 지날 때마다 점멸되고
너를 생각하는 동안 별들이 투명해진다

모로코 천년의 수공예 도시 페스
가죽 염색 점포엔 원피 재단이 분주한데
무엇을 원하든
욕망의 색과 탐닉의 향기 바로 입혀 주었다

동그라미에 동그라미가 포개지듯
까 삐 까 삐 룸 룸 모래 요정 바람돌이**
지팡이 높이 들면 소용돌이치는 별들의 호수
연두에서 녹색 스펙트럼 사운드트랙이 완성되는 순간이다

감실龕室의 촛불처럼 불멸의 첫 언어들 동그라미를 그리고 있다

* 모네의 그림 캔버스에 유채.
** 일본 애니메이션 주인공.

놀이기구 허리케인

뱅갈고무나무 숲에서 보았다 급하게 여름을 건너는 도사린 뱀의 눈 우리의 점프를 기다려 주지 않고 머리 쳐들어 발가락을 공격한다 더위에 혀는 먼 아지랑이를 헤매고 눈은 헛것을 지껄이는가 부러진 사다리를 쓸고 가는 바람에 끌려가는 빛바랜 열망들

웃고 있는 네 사진을 본다 언제부터 무너진 내 심장의 일부가 됐는지 언제까지 허둥거리며 길을 걷고 들판으로 달려가야 하는지 겹겹의 보라 쑥부쟁이들 주름 옷자락 움켜쥐고 눈가를 훔치고 있다 희망이 뒤집힌 무당벌레의 바둥거리는 슬픔 하루에도 몇 번씩 영화 같은 배경음이 되는데 언제 어디서 잘못된 상상이 빚은 우울일까 오래된 병풍처럼 서로 기댄 고무나무들 어두운 틈으로 쌓이는 바람의 웅얼거리는 소리 가슴을 헤집는다

생은 하루에도 몇 번씩 곡예를 하는 놀이기구 잘 굴러가던 특급열차 바퀴가 머리 위로 날아다니는 악몽처럼 급커브 허리케인 썬더폴스 로스트 밸리 추락하는 꿈을 꾸었다

제4부 안개 바다 위의 방랑자

하울의 움직이는 성

양 끝이 휘어진 낮달이 오목한 새 둥지 같다
그 아래
포구로 가는 골목엔 오래된 집이 있다
초록 잎 덮인 낮은 돌담과 둥근 지붕
한 마리 커다란 새가 엎드려 있다
맴돈 발자국마다 초록 깃털 수북하다
귀 밝은 늙은 새, 제 몸에 갇혀
어디도 갈 수 없는 눈먼 새 웅크리고 있다

초록새는 비상하려는지 발가락 가지런히 접었다
하늘의 둥지로 돌아가려는 걸까
커다란 날개 부풀리기 시작했다
하울의 움직이는 성처럼 바람 등에 몸을 맡기고 날개 밀어 올렸다

새는 바람의 자유를 얻었으므로
하늘 문 열어젖히고 낮달의 둥지로 돌아갈 것이다

안개 바다 위의 방랑자*

안개는 푸른 수국 꽃다발 같아
수천의 거울방을 가졌다

너의 기억을 지우고
얼룩진 옆모습 하나씩 꺼내 놓는다

빛을 갈아엎고 그늘을 일궈
검은 구덩이를 넓혔다
발부리부터 정강이 허리 가슴이 사라졌다
아득한 두려움이
절벽으로 몰린 들짐승처럼 쉰 목으로 네 이름을 불렀지만
너와 나의 지난 시간
뒷모습 길게 남긴 채
거울방으로 미끄러지듯 사라졌다

* 카스파 다비드 프리드리히의 대표작.

비밀 창고 1
—아래

 유월의 서해랑길, 바다로 이어졌다

 반사판 같은 입간판 중앙에 쓴 진 파랑의
 '아래'……
 살아남지 못한 말들이 나뭇잎처럼 파도에 쓸려 가고 둥치만 남은 말

 하얀 천에 도드라진 구호 같은 말
 바다를 횡단하는 마도요가 쉬어 가는 돛대 같은 건지 몰라
 가파른 파도에서 활강하는 새의 날개 같은

 아래
 —어린이나 노약자들은 고삐 풀린 파도에 미끄러지지 않게 긴장을 당기세요
 —조금엔 수중 물고기나 소라 뿔고둥 게들은 귀를 바짝 세우세요
 —물때엔 개펄을 잘 구슬려 보세요
  특히, 코끼리파도의 거친 숨에 어린 농게 다리 조심
 —하늘과 땅에 머리를 뉜 새들은 분수껏 X선과 자외선 너

머를 넘보지 말 것
 −알록달록 세상의 장신구에 선을 넘지 마세요

 백지 같은 입간판에 줄임표
 '아래'
 짧고 간결한 한 문장이 만조의 밀물에 긴 문장으로 서해
랑길을 유영하고 있다

비밀 창고 2
—바다 오르간

그 섬엔
하루에 두 번 연주하는 손이 있다

카페 문을 여는 낯선 이에게 인사를 건넨다

해안선 긴 모래톱엔 희고 검은건반들
자다르 마을의 바다 오르간처럼
여리게, 세게, 다시 여리게……
귀에 감기는 늙은 어머니의 노래
해초처럼 엉킨 머릿결을 쓰다듬어 준다
먼 항로의 배들이 끌고 오는 하루의 끝

파도가 한 음계씩 휘파람으로 오른다
흰 검은 흰 검은…… 악보를 짚어가면
어두운 오늘이 쓸려 가고
생의 뒤틀린 골목길 빠져나간다

나는 긴 쉼표를 바다 오선지에 그려 넣었다

비밀 창고 3
―인어의 후예

사리에
빛나는 점들이 먼바다로부터 파닥거리며 달려온다 부끄러운
혀처럼 흔들리며 미끄러지듯 밀려온다 줄기
미역처럼 풀어헤친 머리카락 빗질한 듯 가지런하다 바다의
신생아들 머리 치켜들고 배밀이로 온다 팔 벌려
바다의 품에서 빠르게 헤엄쳐 온다
모였다흩어지고쳐들다가공손해진 바다뱀들 대열이
줄줄이 달려온다
수천수만 번 밀치고 앞다투어 밀려온다 경골어들
해안으로 해안으로 달려온다 벌떡거리는
바다의 심장, 빛으로 돌아온다

인어가 돌아왔다

비밀 창고 4
—기억을 소환하다

서해랑 안개성에서 길을 잃었어
나와 바다와 먼 육지가 맞닿아 한 덩어리
키질하는 파도,
왕모래와 조개껍데기 골라내고 있어
싸르륵싸르륵 팥알 씻는 소리에
회칠한 듯 침침한 눈 번쩍 열리고 희미한 길 드러났어

어머니가 팥시루떡을 쪄내는지
바다 가마솥이 끓고
솥뚜껑 열어젖히면 천정까지 퍼지던 뽀얀 김
한 김 두 김 올려 뜸 들길 기다리고 있어
정월 초사흘,
시루떡 놓고 촛불 밝혀 미륵제 지내는 어머니

해무처럼 무겁게 차오르는 슬픔
바다가 울고 있어
목이 멘다는 말, 몰아치는 파도를 가슴에 받아 내는 일
노을을 둥글게 말아 우묵한 눈에 오래 담아내는 일

넘지 못할 간극처럼 아득한 거리에서

귀에 익은 낮은 울음소리 들려
당신의 끝 모를 물속 같은 마음처럼
모래펄부터 해안선 너머까지 해무가 차올라
어머니를 지우고 나를 지우고 있어

비밀 창고 5
―바라춤 추다

사리에
파도가 먼바다에서 철새처럼 돌아와요
함성일까 박수 소리일까
쿵쿵 울리는 심장
나를 내려놓고 침묵의 귀 나각처럼 모았어요
시작을 알리는 큰 박 소리
쟁 쟁 쟁 태징, 태평소 타악기가 울어요
노을이 밀고 오는 붉은 가사, 흰 장삼 자락 허공 높이 휘어져요
일어서는 파도
맑은 쇳소리 일어서며 쏟아지고
수천의 파도 영혼이 바라춤으로 몰려와요

정암사 적멸보궁 앞뜰,
승려들이 바라춤을 추었어요
흰 고깔과 버선코처럼
전각의 처마 끝은 왜 허공에서 한데 모였는지
초승달 끝 지점은 왜 하늘 쪽으로 날아갈 듯 휘었는지
달빛 스친 장삼 자락은 얼마나 파리했던지
붉은 가사는 또 얼마나 호젓해 보였던지

섞이고 묶이고 풀어졌다 다시 한데 모이고 흩어지는
생의 바다에서 거듭되는 만남과 별리의 너울춤
다한 인연 흩어지며
맑은 쇳소리가 영혼을 달래 주었어요

바다의 전각에서
노을이 지휘하는 타악기 합주에 맞추어
파도의 흰 소매 끝 바라가 울어요
방황하는 인연을 달래는 천 개의 바라
어를 세 번 두드리듯 낮게 물수제비 뜨는 새
한 번 두 번 세 번
날개 밀어 올렸어요
바라춤이 끝나고
매듭 풀린 영혼들이 붉은 너울 속으로 무릎 접었어요

비밀 창고 6
―폐교의 아이들

바닷가 작은 학교는 아이들 발길 끊어진 지 오래
민준이, 수민이 지유…
뭍으로 뭍으로 떠났다
천 평 개펄에 파도가 키우는
파도 아이들 갯고둥, 백합, 게 들이 궁금해서 운동장을 들락거려요
달빛이 좋은 날엔 학당이 열리죠
털게 선생님이
―자 조용조용 족구를 시작할까요
달랑게가 집게발 높이 들어 공을 차 넣었어요
빗나간 공이 유리창으로 날아가네요
게는 놀라서 집게발을 덜덜 떨었죠
하지만 염려하지 마세요
구름나무 구름새 구름유리창이거든요
네트에 걸린 아이들 환호 소리 출렁출렁
바다 아이들이 꽉 들어찬 학교
이제,
파도의 함성과 아이들 박수 소리 온종일 끊이지 않아요

비밀 창고 7
—귓속말

개펄에서 작은 소리 들었죠
처음엔 어린 새의 발소리인가 했죠
포 포 포
웃음소리일까요
참았던 숨 토해내는 소리일까요
조개껍데기 밟는 내 발길에 멈추었다가
멀어지면 퐁 퐁 퐁
—후유 숨 참느라 힘들었어
해가 질 녘에 게와 조개들이 귓속말했죠

해안선이 옮겨지면 지붕이 사라지고
조개잡이 체험 시간이 되죠
바다 아이들은 손톱만 한 구멍 방에서 죽은 척했죠

칠게가 소곤거렸어요
 -굴을 깊게 파느라 힘이 다 빠졌어
백합이 중얼거렸어요
 -꼬마물떼새 같은 아이들이지만, 손에 든 호미가 무섭다니까
 밤보다 낮이 더 두려워

낮에는 아이들이
해넘이엔 바다 아이들의 놀이터가 되는 갯벌

비밀 창고 8
―윤사월, 넘기다

　서해랑길, 바닷가 학교는 문 닫아걸었네 한 그루 감나무가 학교를 지키고 있네 아이들 웃음 같은 감꽃 떨어지네 아이들이 떠난 운동장 바람만 꽃잎을 만지작거리네 고양이 발걸음처럼 잠잠하던 파도 소리 물때엔 아이들 거침없는 함성처럼 들리네

　단 하나의 학생인 감나무 창백한 유리창을 기웃거리다 저인 줄 모르고 두근거렸네 동면의 계절엔 언어를 지우고 봄이 되면 푸른 문장을 지었네 가을엔 만월 같은 홍시로 책거리했네

　나무는 올해엔 그림만 그렸네 나는 그림을 들여다보았네 감나무가 있는 유년의 우물에 노란 꽃물이 찰랑거렸네 나무는 어른거리는 빛 안쪽 아흔 살 할머니의 어지러운 벽화 노랗게 칠해졌네 고향 방의 천정화는 아라베스크 문양의 추상화가 그려졌는데 꽃게들이 밤새 그림을 물고 갔는지 그림은 늘 미완성

　윤사월 노란 감꽃들 흙빛으로 저무네

해 설

사랑의 기억으로 찾아가는 시인으로서의 존재론

유성호(문학평론가, 한양대학교 국문과 교수)

1. 무량한 시간의 흐름 속에 쌓여온 삶의 문양(文樣)들

대체로 서정시는 대상을 향한 사랑의 마음으로 어떤 순수 원형에 가닿고자 하는 지향을 근본 속성으로 삼는다. 이러한 지향은 시인으로 하여금 때로는 우주적 스케일로 때로는 미시적 세공으로 새로운 중심을 만들어가게끔 함으로써 구체적 사물로부터 발원한 항구적 가치를 극대화해준다. 이때 시인이 수행하는 미학적 설계는 삶과 사물의 근원과 영원을 동시에 탐구하는 데서 마련되어간다. 정연희 시인은 삶의 외따로움과 쓸쓸함에 맞닥뜨릴 때마다 이러한 역설의 항체(抗體)를 찾기 위해 자신이 지나온 시간을 재현하고 탈환하려는 존재론적 제의(祭儀)를 치러간다. 특별히 지나온 시간에 대해 치열하고 아름다운 사유를 통해 자신의 몸과 마음을 시간의 흐름과 가역적(可逆的)으로 만나게 하고 있다.

이번 신작시집 『그 설산에 물고기들의 무덤이 있다』(천년의시작, 2025) 역시 우리로 하여금 무량한 시간의 흐름 속에 쌓여온 삶의 문양(文樣)들을 만나게끔 해준다. 아닌 게 아니라 그의 시는 모든 사물이 일정한 시공간 속에서 존재하다가 그 물리적 유한성으로 말미암아 사라져가는 것을 증언하면서, 어떤 존재자도 지상에 잠시 머무를 뿐 영원히 존재하는 것은 없다는 것을 내내 환기한다. 물론 그러한 엄연한 실존적 한계 안에서도 그는 '시(詩)'라는 존재의 집을 통해 유한한 시간 속으로 사라져간 것들을 불러와 유한자로서의 실존적 한계를 넘어선다. 그 과정이 선명한 쓸쓸함과 아름다움을 동시에 품고 있는 것이다. 이제 그가 그러한 치열함과 그리움으로 찾아가는 미학적 세계 안으로 한 걸음씩 들어가 보도록 하자.

2. 시간의 흔적을 추스르려는 공존과 견인의 미학

우리는 우수한 서정시를 통해 이성이 그어놓은 표지(標識)들이 순식간에 무너지고 사물들 사이의 새로운 관계론이 구성되는 과정을 경험할 때가 많다. 가령 그 순간은 적대적 긴장을 형성하던 개념이나 형상이 사실은 하나로 결속할 수 있음을 보여준다. 그때 우리는 뭇 타자들이 한데 어울리는 친화 과정을 목도하면서 삶이 단선적 질서에 의해 전개되지 않고 대립적인 것들을 품고 나아가는 것임을 알게 된다. 정연희의 시는 사물에서 발견되는 삶과 죽음, 빛과 어둠, 진화와 퇴행, 포옹과 배제, 생성과 소멸 같은 현상이 사실은 오랜 시간 거듭해온 동시적 속성임을 암시한다. 우리도 그러한 정서적 울림과 파동을 통해 근원적 지경(地境)에 가닿으면서 시간의 속성과 생태로부터 새로운 실물감을 경험하게 된다. 시간이 값없이 주는, 시간의 흐름이 허락하는, 유한자로서의 한계가 어김없이 암시해주는, 서늘하고 따듯한 역리(逆理)가 그 안에서 숨쉬고 있는 것이다. 이러한 인지적, 감각적 신생 과정은 우리로 하여금 사물의 새로운 존재론을 경험하게 해줌은 물론, 심층적으로는 몸 속에서 파동치는 시간의 깊이까지 알게 해준다. 그 안에서는 시간의 흔적을 추스르려는 공존과 견인의 미학이 농울치고 있다 할 것이다. 먼저 다음 작품을 읽어보자.

눈 내리는 설산에서 보았다
물고기처럼 파닥거리는 여름 잎의 기억과 뒤척이는 숲의 파랑波浪
파도와 파도 엮어 물길을 내던 푸른 지느러미
일각고래, 청상아리, 대서양 청새치들이 들어앉은 봉분

하얗다

산티아고가 6미터 청새치를 뱃전에 묶어 조류에 맡겼다
기쁨도 잠시
늙은 어부가 아가미에 겨눈 작살이 검붉은 길을 냈다
붉은 비단 리본 끈처럼 휘어지는 피의 길
세모 지느러미의 갈라노Galano를 유혹했다
작두날처럼 번뜩이는 송곳니 그의 심장이 베인 듯 움찔거렸다

뱃가죽에 꽂은 잇자국에서 자색 거품이 일고
날뛰는 파도에 허옇게 빛나는 뼈 돛대처럼 수직으로 일어섰다

물기둥에 휩쓸려 만의 안쪽에 갇혀
버둥거리는 물고기들, 긴 해안선이 안고 있다
기억의 저편에서 소리 없이 싸락눈이 쌓이고
나무도 대서양 청새치도 길게 누운 채 꿈 안에 갇혔다
살붙이처럼 이마 맞댄 영장류와 나무와 물고기들,
한 덩어리 화석처럼 껴안고 잠들었다
—「그 설산에 물고기들의 무덤이 있다」 전문

이번 시집 표제작이기도 한 이 시편은 고고학적이고 신화적인 상상력 안에서 새로운 인간론을 설파한 수작이다. 시

의 현장은 "눈 내리는 설산"인데 시인은 그곳에서 물고기처럼 파닥이는 여름 잎의 기억과 숲의 파랑을 만난다. '잎'과 '숲'이라는 산의 세목에 관한 기억은 파도 사이로 유영(遊泳)하던 물고기들과 만난다. 언뜻 보아 산과 바다가 공간적으로 병치되는 것이 비현실적으로 보이지만, "일각고래, 청상아리, 대서양 청새치들"이 들어앉은 하얀 봉분을 통해 산과 바다는 순간적으로 통합된다. 중간에 헤밍웨이의 장편소설 『노인과 바다』가 삽입되는데, 노인이 잡은 청새치를 갈라노가 "작두날처럼 번뜩이는 송곳니"로 "파도에 허옇게 빛나는 뼈 돛대처럼 수직으로" 일어서게 하는 장면이 소설보다 더 핍진하게 묘사된다. 그렇게 물기둥에 휩쓸려온 물고기들은 긴 해안선에 안기고, 무수한 시간이 흘러 기억 저편에서 싸락눈이 쌓이고 나무도 청새치도 숲도 바다도 꿈 안으로 갇히게 된다. 그렇게 인간과 나무와 물고기는 서로 살붙이들처럼 '설산'이라는 한 울타리 안에서 화석처럼 껴안고 잠든 것이다. 이 환상적 시편은 '설산'이라는 배경에 뭇 생명들이 나란히 누워 있는 상상적 장면을 통해 자연의 신비와 그에 대한 외경을 스스럼없이 표현하고 있다. 근대인들은 자연을 과학기술에 의해 변용되는 대상으로 이해하였고 자연과 인간이 대립한다는 인간 중심적인 이원론적 세계관을 함유하게 되었지만, 이 시편은 모든 생명이 유장한 시간 속에 공존하는 일원론적 관점을 견지하고 있다. 이때 '설산'은 생명이 돌아가서 안착하는 본향으로서 인간에게는 창조 행위의 에너지원(源)이 되어준다. 그래서 호혜적 포용과 상생의 마음으로 우리는 자연과 인간의 상호 동력을 만나게 된 것이다. 이렇게 정연희의 시는 시인 자신이 "지나온 길도 누군가 쥐어준 보이지 않는 끈에 이끌려"(「물거품」)온 결과물이며 "파도의 가파른 숨결이 지닌"(「black knot」) 강한 인력(引力)이 "태초의 씨눈/ 바다의 심장"(「비밀 창고 3」)을 내장한 상징적 거소(居所)이기도 할 것이다. 다음은 어떠한가.

> 더 이상 자라지 않는 나무
> 화분 안에 갇힌 한 마리 새처럼
> 어둠 속에서 날개 터는 작은 소리 들었다
> 큰 화분으로 옮겨주면 날개 접고 노래 부를 수 있을까
>
> 화분과 한 몸처럼 붙어
> 모종 삽날로 흙덩이를 파낸다
> 제 뿌리를 맴돌며 시간을 쌓고 있었다
> 뿌리가 뿌리를 껴안은 것 같지만
> 서로 밀어내고 있었다
> 품을 수 없는 어둠이 싱크홀처럼 자라고 있었다
>
> 화분을 깨트리고서야 나무는 자유로워졌다
> 아니 새는 몸이 가벼워졌다
> 함부로 뻗은 생각을 쳐내자
> 이제 뿌리가 가지런해졌다
> 새는 날기를 멈추고

또 다른 세계를 찾아 발을 멀리 놓겠지
　　　　　　　　　　　　　　―「나무가 된 새」 전문

　이번에도 '나무'와 '새'는 그 이질적인 몸의 형식을 벗어버리고 자유롭게 하나로 통합된다. 시인은 잘 자라지 않는 나무를 "화분 안에 갇힌 한 마리 새"로 여긴다. "어둠 속에서 날개 터는 작은 소리"가 들려오자 큰 화분으로 새를 옮겨주면 날개를 접고 노래를 부를 수 있지 않을까 하고 생각해본다. 이제 시인은 "작은 새의 신음 같은 발성법"(「현을 위한 아다지오」)으로 인해 화분의 흙을 파내게 된다. 파고 보니 나무는 "제 뿌리를 맴돌며 시간을 쌓고" 있을 뿐이었는데, 뿌리가 뿌리를 껴안지 않고 서로를 밀어내고 있었고, 그렇게 서로 품을 수 없는 어둠이 싱크홀처럼 자라고 있었다. 이제 나무는 화분을 깨트리고 "더 큰 화분"인 세상에서 자유로워지고 가벼워졌다. 그러자 뿌리가 가지런해지면서 새는 "날기를 멈추고/또 다른 세계를 찾아" 발을 멀리 놓을 것이다. 그렇게 '나무가 된 새' 혹은 '새가 된 나무'는 "시간에 갇힌 밀랍 인형"(「경계」)이 아니라 "가파른 파도에서 활강하는 새"(「비밀 창고 1」)처럼 강렬한 자유와 생명의 힘을 보여준 것이다.
　이처럼 정연희의 시편은 한편으로 '사라진 시간'을, 한편으로 그 후 '남겨진 시간'의 흔적을 통해 뭇 생명들이 한 자리에 공존 가능함을 암시하는 세계로 다가온다. 언어를 통해, 그 뒤에 남은 사람들, 짐승들, 사물들을 일일이 호명하는 언외지의(言外之意)의 나직한 목소리를 들려준다. 아울러

지나온 시간에 대한 일방적 미화보다는 거기서 비롯한 시간의 흔적을 추스르려는 공존과 견인의 미학을 번져가게 한다. 우리는 시인의 내면이 여느 퇴행과는 다른 역류적 상상력에서 가능했음을 알게 되고, 나아가 시간이 남긴 흔적에서 삶과 죽음, 충만과 헛됨, 활력과 적막을 놓치지 않고 찾아 읽게 된다. 이 모든 것이, 정연희의 시가 우리에게 남겨준 미학적 파문이자 문양이 아닐까 한다.

3. 사랑의 불가능성을 받아들이는 시인으로서의 지혜

정연희는 일차적으로 자신의 삶을 오랜 기억의 반추 속에서 성찰하고, 더 나아가 문득 찾아온 이별과 떠나감의 순간을 마음속에 재생하면서 그러한 아픔을 치유해가는 '사랑'의 시인이다. 물론 그는 현실적 행동을 통해 그것들을 극복하기보다는 상상력의 발원에 몸을 의탁함으로써 그것을 수락하고 받아들이는 과정을 섬세하고 아름답게 보여준다. 나아가 모든 현상이 원천적으로 소멸해가겠지만 그럼에도 삶의 신비로운 차원에 대한 사랑의 마음을 은은하게 발화해간다. 말하자면 이별과 떠나감을 경험한 시인의 육신을 관류하는 사랑과 그리움의 언어가 이번 시집의 외관이자 내질(內質)이 되어주는 셈이다. 특별히 사람과 사람의 일이 그러하여, 사랑하는 대상에 대하여 느끼게 되는 충만함과 결핍의 마음은 실상 하나의 순간 안에 공존하는 것이 아니겠는가.

커다란 상실감을 넘어서는 아득한 그리움을 통해 시인은 소멸의 자연스러움을 받아들이는 넉넉한 사랑의 지혜를 배워가는 것이다. 이 모든 것이 우리가 그저 단독자(單獨者)로 살아가는 것이 아님을 알려주는 실감의 사례들일 터이다.

    운무들
    부풀어 오른다
    솜틀에서 막 뽑아낸 목화솜이 능선 아래로 흘러넘쳐요
    서리 내린 아침, 곱은 손 감싸주던 당신의 손길 같은

    다락방 깊숙이 숨겨둔 당신의 보따리엔
    물풀처럼 급류에 쓸려가던 생의 막다른 골목과
    엉겅퀴에 올린 거미집처럼 위태로운 당신의 일상이
    엉켜 있어요
    당신의 보풀들 이리 많았네요

    솜틀에 엉킨 보풀들을 밀어 넣자
    굴절된 시선을 바로잡고
    어제의 덧난 상처에 새살이 살아나요
    첫 세례 미사포처럼 새하얀 기억들만 골라
    내 부은 발등 처매주고 흠결 많은 마음을 감싸 주었어요

    능선 넘는 구름, 목화송이처럼 부풀고
    이제 괜찮다

송이송이마다 당신이 웃고 있어요

— 「보풀들」 전문

'보풀'이란 헝겊 같은 거죽에 일어나는 잔털로서 '보푸라기'라고도 부른다. 시인은 '운무(雲霧)'와 '목화'를 연결하여 그 특유의 은유적 상상력을 선보인다. 능선 아래를 감싸고 부풀어 오른 보플 같은 구름들을 "솜틀에서 막 뽑아낸 목화솜"으로 비유한다. 목화솜에서 유추되는 온기는 "서리 내린 아침, 곱은 손 감싸주던 당신의 손길"로 이어진다. 옛적 다락방 깊이 숨겨둔 "당신의 보따리"엔 생의 막다른 골목과 일상이 엉켜 있었고 따라서 "당신의 보풀들"도 제법 많았다. 이제 "솜틀에 엉킨 보풀들"을 밀어 넣으니 "어제의 덧난 상처"에 새살이 돋지 않는가. 비록 "긴 기다림이 덫이라는 생각을 하다가도"(「이끼 제국」) 그 보풀들은 "첫 세례 미사포처럼" 부은 발등을 처매주고 흠결 많은 마음을 감싸주었던 것이다. "구름=목화송이=당신"의 은유적 동일체가 "이제 괜찮다"고 말해주면서 시인은 "오늘/ 온전히 네 자리로"(「살구라는 이름」) 오라고, "빛나는 연분홍 시간 한가운데"(「봉인된 문」)로 다가오라고, 사랑의 언어를 던진다. '당신'을 향한 하얀 '사랑'의 마음이 그렇게 "감실龕室의 촛불처럼 불멸의 첫 언어"(「동그라미에 첫 기억의 언어들이 자라고 있다」)를 쏟아내고 있다.

남녘의 무릇꽃 자생지를 걷는다
앞서가는 그가 돌아본다
언제나 반듯한 모국어를 구사하는 입술 단정하고
사각 틀에 자라는 화분의 꽃처럼 꼿꼿하다
깊은 우물물처럼 고요한 눈
처음에 나는 핀치새처럼 그를 흉내 내는 문하생이었다

활대 닮은 무릇꽃이 낭창 휘어져 드러나는 곡선의 그림자
활이 가닿기 전 몸의 비브라토
오른쪽으로 기울여 활을 켜지만
그는 메트로놈 박자처럼 오선지 악보대로 정주행했다

눈도 맞추지 못했는데
두 대의 첼로가 여름 새처럼 소야곡을 부르는 꿈을 꾸었다
발 헛디디는 걸 들킬까 봐
흔들리면 흔들리는 대로 어우러지는 무리 속의 개체
손 한번 잡지 못했는데
그를 생각하면 흉강이 뻐근한 빈 동굴이 되었다
마에스트로를 꿈꾼 적 없지만 그의 자랑거리가 되고 싶었다

높이 들어 올린 활대 낮추어 몸을 눕히는 곳

바람 방향이다
이 꽃 저 꽃에 내려앉는 나비처럼,
바람이 꽃을 대하는 방식
나는 군락지에 핀 하나의 꽃일 뿐이라고 중얼거린다

두 대의 첼로 선율이 론도 형식으로 이어질 때
무봉제 의복처럼 활이 미끄러진 흔적을 매끈하게 지운다

움푹 파인 발뒤꿈치 자국에 낭만적 서사를 흘리지 말자
　　　　　　　　　　─「두 대의 첼로를 위한 소나타」 전문

　남녘 무릇꽃 자생지를 걸을 때 앞에서 뒤돌아보는 '그'는, 반듯한 모국어를 쓰고, 화분의 꽃처럼 꼿꼿한 성정의 사람이다. '그'의 "깊은 우물물처럼 고요한 눈"을 따라 '나'는 문하생이 되어 '그'를 흉내 낼 뿐이었는데, 어느날 "활대 닮은 무릇꽃"이 휘어져 "곡선의 그림자"를 통해 "활이 가닿기 전 몸의 비브라토"처럼 전해오는 감동을 느낀다. '비브라토(vibrato)'는 연주나 가창 때 소리를 떨리게 하는 기법을 말하는 것이니, 그 떨림은 몸의 울림을 동반한 감동적인 내면의 흔들림 같은 것이었을 터이다. 오선지 악보대로 정주행하는 '그'와 눈 한번 못 맞추고 손 한번 못 잡던 '나'는 "두 대의 첼로"가 소야곡을 연주하는 꿈을 꾼다. '그'를 생각하면 흉강이 뻐근한 빈 동굴이 되곤 하던 '나'는 '그'의 자랑이 되고 싶었고 "이 꽃 저 꽃에 내려앉는 나비처럼" 군락지에 핀 하나의 꽃이라고 스스로 중얼거린다. 그렇게 두 대의 첼로 선율이 이어질 때 시인은 비로소 "두 대의 첼로를 위한 소나타"를 상상적으로 완성한다. 이제 '나'의 눈과 손도 '그'의 눈과 손을 스스럼없이 향할 수 있을 것이다. 이렇게 정연희의 시는 "저녁 어스름을 비추는 먼 불빛"(「하늘의 비밀을 엿보다」)처럼 "당신 심장을 기억하는"(「푸른 옷소매」) 민감함으로, "비탈길 오르는 것보다 더 아득하고 높은 침묵"(「완덕의 계단」)으로, "내 귓바퀴에 말아 넣은 네 목소리"(「동그라미에 첫 기억의 언어들이 자라고 있다」)와 "해묵은 슬픔의 기억들"(「black knot」)을 안아들이는 사랑의 국량(局量)을 낱낱 구체성으로 환하게 보여준다.

그런데 독법(讀法)을 조금 달리하면 '보풀'이나 '첼로'나 모두 '시(詩)'의 은유로 읽을 수도 있다. 시인은 '시'라는 한없이 부풀고 떨리는 말을 향해 사랑의 연가를 부른다. '시'의 역설을 통해 시인으로서의 존재론에 가닿는 것이다. 여기서 '시'의 역설이란 주체와 언어가 다른 하나를 배제하는 것이 아니라 둘이 결국 한 몸으로 귀납해가는 통합성을 근간으로 삼는다. 모든 것이 소멸해도 '시'를 향한 열망과 감각과 사유를 통해 시인은 그러한 소멸 과정이 사실은 새로운 생성을 준비하는 절차라는 것을 암시한다. 이렇게 '시'의 존재론적 역설을 통해 시인으로서의 자의식을 적극 보여준 시인은 '이야기하려는 것'과 '이야기할 수 있는 것' 사이의 간극을 감수하면서 언어적 자의식으로 충만한 자신을 적극 토로한다. 유한한 '말'을 통해 '그=당신'에게 도달하려는 불가능한 소임을 맡은 존재로서의 자신을 최대한 긍정하고 있는 것이다. 비록 그것이 "바람에 끌려가는 빛바랜 열망들"(「놀이기구 허리케인」)일지라도 그러한 사랑의 불가능성을 받아들이는 시인으로서의 지혜가 거기 흐르고 있지 않은가.

4. 생의 비밀로서의 기원 탐색

주지하듯 모든 기억들은 지나간 시간을 감각적으로 재생시키는 과정과 그 결과를 함축한다. 하지만 그것은 자신의 실존적 현재형을 아름답게 지탱해주는 존재론적 기원(起源)을 각인해가는 지난한 운동이기도 하다. 때로 어떤 기억이 회상에 머무르지 않고 앞으로 살아갈 날들의 지남(指南) 역할을 하기도 하는 것은 그러한 이유에서이다. 정연희 시인이 보여주는 기억의 격조는 이렇게 과거와 현재는 물론, 주체와 대상, 현상과 실재, 죽음과 삶, 태어남과 저묾의 경계를 지우거나 흩뜨리면서 자신의 시학을 한 차원 높게 완성해가는 순간에 태어난다. 그 안에 대상을 안아들이고 스스로의 삶을 완성해가려는 사랑의 힘이 숨쉬고 있기 때문이다. 그 핵심에 존재론적 기원으로 상징되는 이들이 자리잡고 있는 것은 이채롭고 소중하다. 이러한 생의 비밀로서의 기원 탐색을 수행해가는 시편들은 이번 시집 말미에 '비밀창고' 연작으로 갈무리되어 있다.

그 섬엔
하루에 두 번 연주하는 손이 있다

카페 문을 여는 낯선 이에게 인사를 건넨다

해안선 긴 모래톱엔 희고 검은건반들
자다르 마을의 바다 오르간처럼
여리게, 세게, 다시 여리게……
귀에 감기는 늙은 어머니의 노래
해초처럼 엉킨 머릿결을 쓰다듬어 준다
먼 항로의 배들이 끌고 오는 하루의 끝

파도가 한 음계씩 휘파람으로 오른다
흰 검은 흰 검은…… 악보를 짚어가면
어두운 오늘이 쓸려 가고
생의 뒤틀린 골목길 빠져나간다

나는 긴 쉼표를 바다 오선지에 그려 넣었다
—「비밀 창고 2」전문

  '시인 정연희'가 일일이 창고에서 끄집어내 호명하는 이름들은 유년의 기억이나 신성(神聖)한 순간 같은 훼손되기 어려운 근원적이고 궁극적인 가치를 품고 있다. 가령 시인의 비밀 창고에는 '바다 오르간'이라는 거대하고 아름다운 시원(始原)의 악기가 있는데 "생의 바다에서 거듭되는 만남과 별리의 너울춤"(「비밀 창고 5」)도 그것과 등가(等價)의 예술적 형상을 보여준다. "그 섬"에 존재하는 "하루에 두 번 연주하는 손"은 자연스럽게 간만(干滿)의 흐름을 연상케 한다. "해안선 긴 모래톱"으로 희고 검은 오르간 건반들이 "여리게, 세게, 다시 여리게…" 마치 "늙은 어머니의 노래"처럼 다가온다. "파도가 한 음계씩 휘파람으로" 오르면 이번에는 "흰 검은 흰 검은…"이 교차되는 악보를 짚어간다. 그때 '나'는 긴 쉼표를 바다 오선지에 그려 넣었는데 그 악보에 따라 울리는 '바다 오르간' 소리가 지금도 들려오는 듯하지 않는가. 우리가 보기에 삶은 "하루에도 몇 번씩 곡예를 하는 놀이기구"(「놀이기구 허리케인」)라고 할 수도 있지만 하루에 두 번 울리는 오르간일 수도 있으리라. 지금도 "낡은 회선이 이어졌다 끊어지길 반복하는 점멸등처럼"(「화첩을 엿보다」) 아름답게 다가오는 오르간 소리가 매혹적으로 '비밀 창고' 속에 담겨 있을 것이다.

> 개펄에서 작은 소리 들었죠
> 처음엔 어린 새의 발소리인가 했죠
> 포 포 포
> 웃음소리일까요
> 참았던 숨 토해내는 소리일까요
> 조개껍데기 밟는 내 발길에 멈추었다가

멀어지면 퐁 퐁 퐁
—후유 숨 참느라 힘들었어
해가 질 녘에 게와 조개들이 귓속말했죠

해안선이 옮겨지면 지붕이 사라지고
조개잡이 체험 시간이 되죠
바다 아이들은 손톱만 한 구멍 방에서 죽은 척했죠

칠게가 소곤거렸어요
-굴을 깊게 파느라 힘이 다 빠졌어
백합이 중얼거렸어요
-꼬마물떼새 같은 아이들이지만, 손에 든 호미가 무섭다니까
밤보다 낮이 더 두려워

낮에는 아이들이
해넘이엔 바다 아이들의 놀이터가 되는 갯벌
—「비밀 창고 7」 전문

 이번에도 개펄로부터 들려오는 작은 소리로 '비밀 창고'의 문이 열린다. 처음에는 "어린 새의 발소리"이다가 "웃음소리"이다가 결국에는 "참았던 숨 토해내는 소리"로 번져간 이 작은 소리는 해질녘 "게와 조개들이 귓속말"하는 소리이다. 해안선이 옮겨지고 지붕이 사라지고 조개 잡는 시간이

찾아오면 바다 아이들은 구멍 방에서 죽은 척하는데, 그렇게 해넘이엔 바다 아이들의 놀이터가 되는 갯벌에서 들려오는 '귓속말'에서 우리는 시인이 복원하고자 하는 '비밀 창고'의 내용을 암시 받는다. 가장 고요하게 그리고 가장 확실하게 들려오는 시원의 소리가 은은하고 중중하기만 하다. 그 외에도 정연희의 '비밀 창고'는 기억의 '보물 창고'가 되기도 한다. 그 안에는 "살아남지 못한 말들이 나뭇잎처럼 파도에 쓸려가고 둥치만 남은 말"(「비밀 창고 1」)이 있고, "당신의 끝 모를 물속 같은 마음"(「비밀 창고 4」)이 있고, 마침내 "꽃목걸이 건 아이들이 떠난 운동장 바람만 꽃잎을"(「비밀 창고 8」) 만 지작하는 애잔한 시간이 들어 있지 않은가.

    이처럼 정연희 시인은 자신의 기원을 향해 골고루 빛을 뿌림으로써 자신의 기억으로 하여금 선명한 기념비(monument)를 하나 하나 세워가게끔 배려한다. 그래서 그는 지나온 시간에 대한 그리움을 통해 이번 시집을 환한 빛으로 채워간다. 이때 그리움이란 대상을 향한 사랑이 시간의 풍화를 견디며 살아남은 어떤 정서적 몰입을 뜻한다. 이는 시인으로 하여금 자신의 기원을 향하게끔 하면서 실존적 부재 상황을 승인하고 거기서 발생하는 깨끗한 슬픔을 받아들이려는 지향을 가지게 해준다. 시인 자신의 현재형에 아스라하게 따라다니는, 생의 비밀로서의 기원을 탐색하는 그의 하염없는 노래를 듣는 우리도 그의 정신적 원적(原籍)과 뿌리를 강렬하게 암시받는 순간이 아닐 수 없을 것이다.

5. 서정시의 장인(匠人)으로 돌올하게 나아가기를

서정시의 일반적 속성 가운데 하나는 주체와 대상, 내면과 풍경의 등가적 결합에 있을 것이다. 사물의 어떤 속성에 내면의 움직임을 유추적으로 투사(投射)하는 방식 말이다. 이때 우리는 시인의 시선이 가닿는 곳이 시인의 내면이 투영된 '해석된 풍경'임을 경험한다. 그 과정에 동참함으로써 우리는 낯익은 풍경을 새롭게 바라보게 되고, 역으로 그 풍경은 새로운 의미를 덧입게 된다. 정연희 시인의 이번 시집은 그러한 원리를 심미적 표상으로 담아낸 빼어난 미학적 사례이다. 그의 시선은 그만의 사유를 보여주는 사물과 그 존재방식을 가멸차게 보여주는 곳을 향한다. 여러 차원의 감각과 사유를 통해 시인은 일종의 타자 교섭적인 속성을 자신의 작품 안에 뿌리면서 감각으로는 지각 불가능한 실재들을 넉넉하게 받아들였는데, 이번에도 사물이 내지르는 소리들을 민감하게 채집하면서 주체 중심 시각과는 전혀 다른 근원적 존재의 심연을 탐색한 것이다.

또한 우리는 어느 한 편도 버리기 어려운 그만의 미학적 완결성 내지 균질성을 말해야 한다. 여기 인용되지 않은 수많은 가편(佳篇)들을 재배열한다고 해도 또 다른 정연희론(論)은 어김없이 다시 쓰일 수 있을 것이다. 이처럼 이번 시집은 미적 충일감과 긴장감이 밀도 높게 구현된 결과로서 시인이 지향하는 고요하고 깊고 성스러운 존재자들의 충실

한 예술적 거처가 되고 있다. 그리고 시인의 오랜 시간 또한 거기 깃들여 있을 것이다. 사랑의 기억으로 찾아가는 시인으로서의 존재론을 이렇게 완성한 이번 시집을 통해 우리도 더욱 우뚝해진 정연희 시인의 단아하고 맑고 깊은 우물을 보는 듯하지 않는가. 융융하고 가없이 아름다운 세계이다.

궁극적으로 정연희의 시는 사물들이 거느린 시간의 깊이로 시선을 옮겨가면서 삶의 비애를 형상화하지만 그 슬픔의 무게로 하여금 비관주의나 냉소주의로 흐르지 않고 삶의 불가피한 진정성에 대한 옹호로 나아가게끔 하는 기막힌 균형을 취하고 있다. 그러한 흐름 속에서 그는 우리 시대 서정시의 장인(匠人)으로 돌올하게 나아갈 것이다. 일상에서 무심히 지나칠 법한 사물의 존재 형식을 통해 삶의 본질을 통찰하고 표현함으로써 사물의 형식과 삶의 본질을 유추적으로 결합하는 작법을 지향해온 그는 사물의 구체를 삶의 속성으로 치환하고 존재의 심층에 대한 사랑을 통해 궁극적 원형에 흰칠하게 가닿게 될 것이다.

현실에서는 불가능한 존재 전환을 통해 전혀 다른 신성한 곳으로 옮겨가고자 하는 '시인 정연희'의 의지는 그렇게 새로운 시공간으로 권역을 넓혔다가 다시 스스로에게 귀환하는 과정을 필연적으로 밟아갈 것이다. 이때 시인의 목소리는 때로 내밀하고 잔잔하며 때로 가차 없이 단호하게 펼쳐지리라. 이제 우리는, 정연희 시인이 사랑의 기억으로 찾아가는 시인으로서의 존재론을 담은 시집 『그 설산에 물고기들의 무덤이 있다』의 성취를 딛고 넘으면서, 그 특유의 사랑을 더욱 심화하고 확장하여, 더 많은 독자들의 마음속에 오래도록 머무르기를, 마음 깊이 소망해 본다.